Pettersson und Findus™

Bildwörterbuch Deutsch - Englisch

Xenos

Dieses Buch gehört: - This book belongs to:

ISBN: 978-3-8212-3539-4

Lizenz durch TV-Loonland AG, München
Verantwortlich für diese Ausgabe:
Xenos Verlagsgesellschaft mbH,
Max-Brauer-Allee 34, 22765 Hamburg
Text: Lena Steinfeld
Gestaltung: Velte Design + Illustration,
Uli Velte, Margret Bernard, Hamburg
Printed in Italy

Inhalt - Content

Zu Hause - At home

Schuppen – shed

Zaun – fence

Pilze – mushrooms

Leiter – ladder

Baum – tree

Busch – bush

Eimer – bucket

Blume – flower

Tür – door

Zu Hause - At home

Guten Tag, Pettersson! - How do you do, Pettersson?

Guten Tag, Pettersson! - How do you do, Pettersson?

Pettersson sagt:
„Das ist mein Nachbar.
Sein Name ist Gustavsson.
Er hat einen Hund."

Pettersson says:
„This is my neighbour.
His name is Gustavsson.
He has got a dog."

In Petterssons Garten - In Pettersson's garden

Katze – cat

Apfelbaum – apple tree

Vogel – bird

Kuh – cow

Biene – bee

Marienkäfer – ladybird

Schmetterling – butterfly

Frosch – frog

Kürbis – pumpkin

In Petterssons Garten - In Pettersson's garden

Findus spielt mit Wörtern - Findus is playing with words

Findus möchte mit Pettersson spielen. Aber Pettersson arbeitet im Garten.

Findus wants to play with Pettersson. But Pettersson is working in the garden.

Möchtest du spielen? Verbinde jedes Bild mit dem passenden englischen Wort.

Do you want to play? Match each picture with the correct English word.

Buch

Maus

Drachen

Haus

house

suitcase

mouse

cat

book

birthday cake

kite

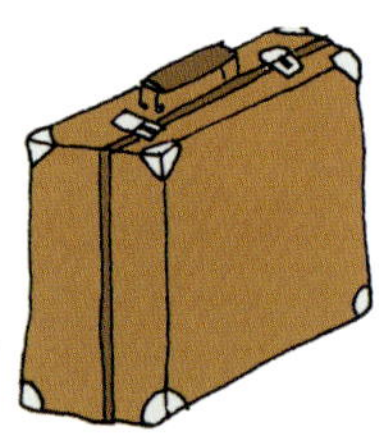

Koffer

Geburtstagskuchen

Katze

Was machen Pettersson und Findus? - What are Pettersson and Findus doing?

Pettersson und Findus zelten.
Pettersson and Findus are camping.

Pettersson springt auf und ab.
Pettersson is jumping up and down.

Findus schläft.
Findus is sleeping.

Pettersson und Findus spielen.
Pettersson and Findus are playing.

Pettersson repariert sein Fahrrad.
Pettersson is repairing his bicycle.

Findus isst Honig.
Findus is eating honey.

Findus' Zahlen - Findus' numbers

Findus zählt gerne die Dinge auf dem Hof.
Findus likes to count the things on the farm.

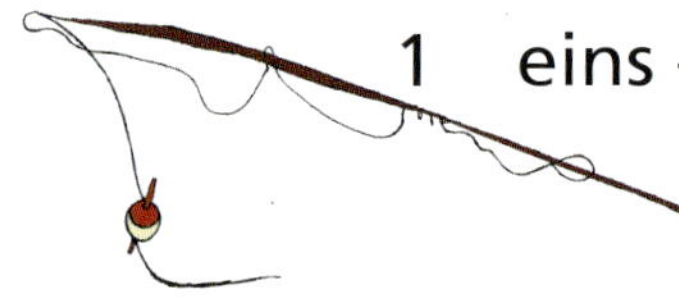

1 eins – one

2 zwei – two

3 drei – three

4 vier – four

5 fünf – five

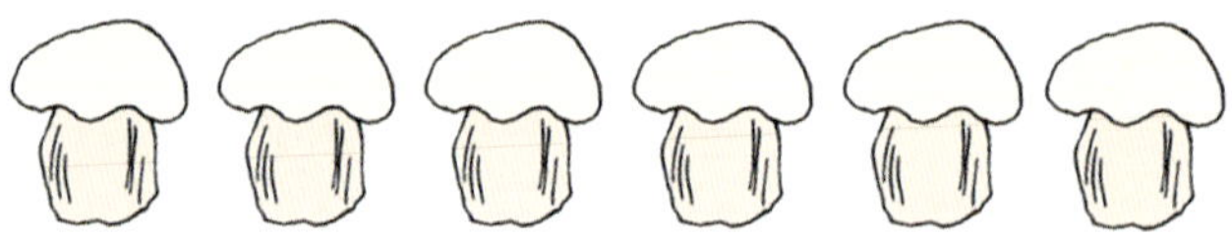

6 sechs – six

7 sieben – seven

8 acht – eight

9 neun – nine

10 zehn – ten

Weißt du, was Findus zeichnet?
Verbinde die Zahlen von 1 bis 10.

Do you know what Findus is painting?
Connect the numbers from 1 to 10.

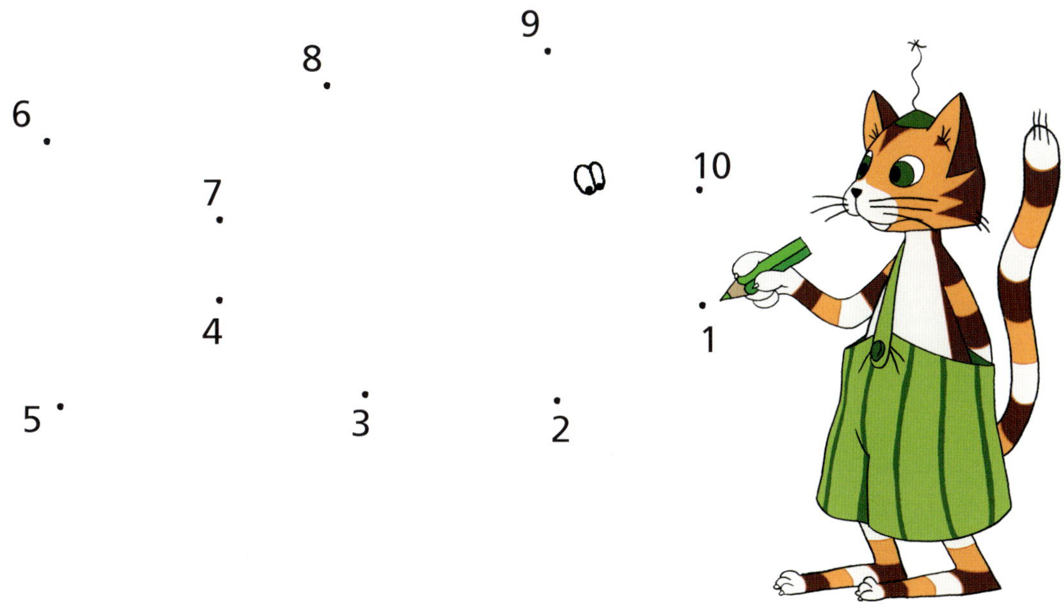

Findus jongliert mit Zahlen.
Siehst du, welche Zahl fehlt?

Findus is juggling with numbers.
Do you see which number is missing?

In Petterssons Küche - In Pettersson's kitchen

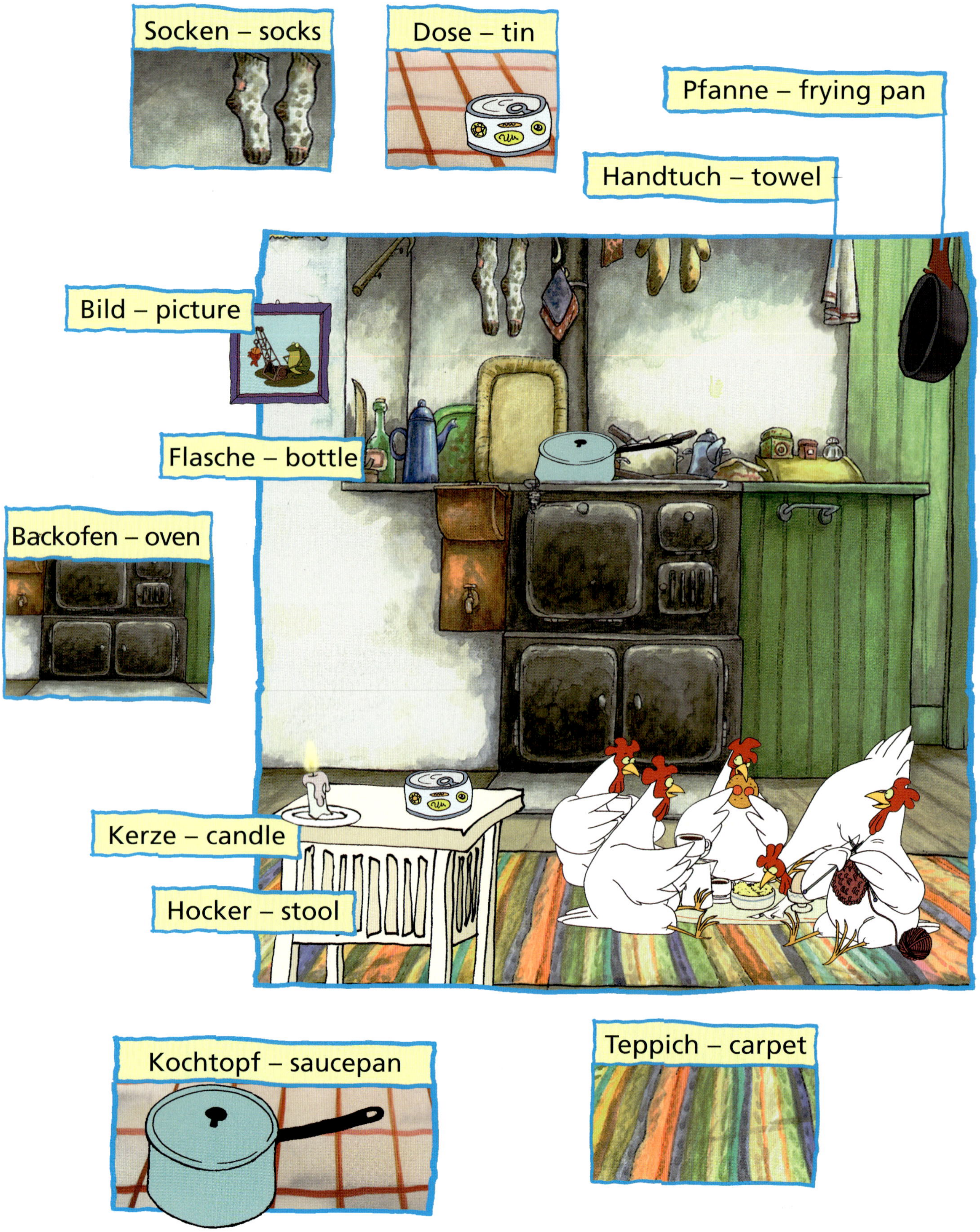

In Petterssons Küche - In Pettersson's kitchen

Wie fühlst du dich, Pettersson? - How do you feel, Pettersson?

Pettersson freut sich.
Pettersson is happy.

Pettersson hat schlechte Laune.
Pettersson is in a bad mood.

Pettersson ist nachdenklich.
Pettersson is thoughtful.

Findus ist neugierig.
Findus is curious.

Findus ist ein wenig ängstlich.
Findus is a bit frightened.

Gustavsson ist wütend.
Gustavsson is angry.

Was machst du, Findus? - What are you doing, Findus?

Findus rennt.
Findus is running.

Findus freut sich.
Findus is happy.

Findus macht einen Kopfstand.
Findus is doing a headstand.

Findus spielt Verstecken.
Findus is playing hide-and-seek.

Findus lacht.
Findus is laughing.

Findus macht Späße.
Findus is making jokes.

Findus springt.
Findus is jumping.

Aber am liebsten mag Findus ... spielen!
But Findus' favourite thing is ... playing!

Petterssons Schuppen - Pettersson's shed

Peterssons Schuppen - Pettersson's shed

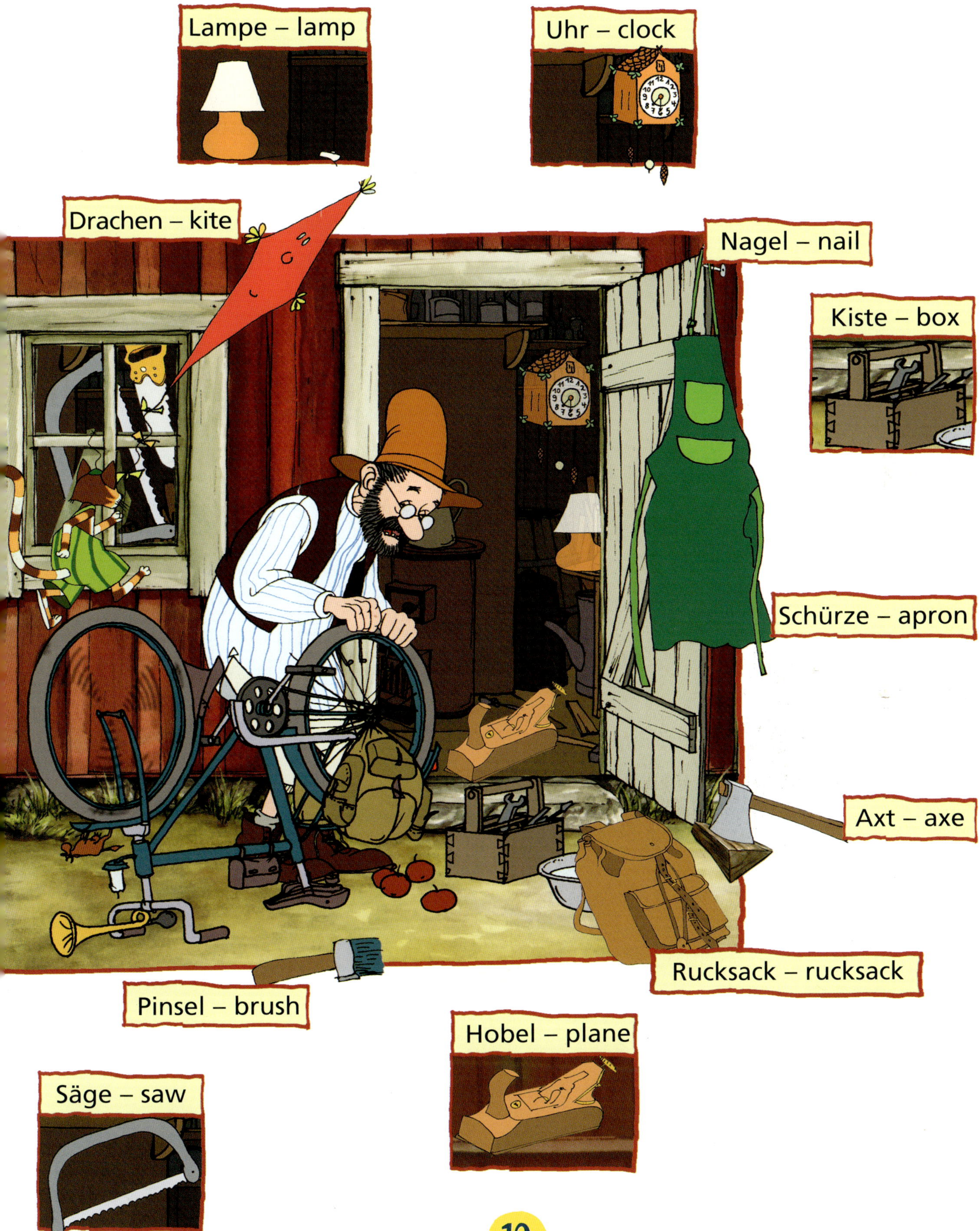

Frühling - spring

Es ist Frühling.
Pettersson und Findus
fahren Fahrrad.

Welches Bild passt
nicht zum Frühling?

It's spring.
Pettersson and Findus
are bicycling.

Which picture does
not match spring?

Apfelbaum – apple tree

Kresse – cress

Osterei – Easter egg

Regen – rain

Sommer - summer

Im Sommer spielen
Pettersson und Findus
häufig im Garten.

Welches Bild passt
nicht zum Sommer?

In summer Pettersson
and Findus often play
in the garden.

Which picture does
not match summer?

Sonne – sun

Ball – ball

Eis – ice cream

Schnee – snow

Die Jahreszeiten - The seasons

Herbst - autumn

Es ist Herbst.
Pettersson und Findus wandern durch den Wald.

Welches Bild passt nicht zum Herbst?

It's autumn.
Pettersson and Findus are hiking through the forest.

Which picture does not match autumn?

Drachen – kite

Schneeglöckchen – snowdrop

Wind – wind

Blätter – leaves

Winter - winter

Es ist Winter.
Pettersson und Findus fahren Schlitten.

Welches Bild passt nicht zum Winter?

It's winter.
Pettersson and Findus are tobogganing.

Which picture does not match winter?

Blume – flower

Schlitten – toboggan

Schal – scarf

Schneemann – snowman

Ein Tag mit Pettersson und Findus - A day with Pettersson and Findus

Die Bilder sind durcheinander geraten. Was macht Pettersson morgens zuerst? Und wie geht es dann weiter? Bringe die Bilder in die richtige Reihenfolge und schreibe die Zahlen von 1 bis 7 in die Kästchen.

Pettersson kocht das Mittagessen.
Pettersson is cooking lunch.

Pettersson und Findus schlafen.
Pettersson and Findus are sleeping.

Pettersson und Findus essen Abendbrot.
Pettersson and Findus are having dinner.

Pettersson und Findus hören Musik.
Pettersson and Findus are listening to music.

Findest du den Elefanten-Muckla?
Can you find the elephant Muckla?

Findus steht auf.
Findus is getting up.

Pettersson hackt Holz.
Pettersson is chopping wood.

Pettersson und Findus frühstücken.
Pettersson and Findus are having breakfast.

Was machst du am liebsten?
What do you like doing the most?

Radfahren - bicycling

Pettersson und Findus fahren gern mit dem Rad.
Pettersson and Findus like bicycling.

Angeln - fishing

Pettersson und Findus angeln auch gern.
Pettersson and Findus also like fishing.

Was ist dein Hobby? - What's your hobby?

Und was ist dein Hobby?
And what's your hobby?

Ball spielen – playing ball

lesen – reading

Musik hören – listening to music

malen – painting

schwimmen – swimming

singen – singing

Du kannst dein Hobby hier aufmalen oder aufschreiben.
You can draw or write your hobby here.

Pettersson schreibt Findus einen Brief.
Pettersson is writing a letter to Findus.

Pettersson schreibt einen Brief - Pettersson is writing a letter

Pettersson verrät dir eine Faltanleitung für tolle Briefumschläge.
Pettersson is going to show you how to fold your very own envelope.

Das brauchst du für die Briefumschläge:

- 1 Bogen DIN-A4-Papier
- Klebstoff

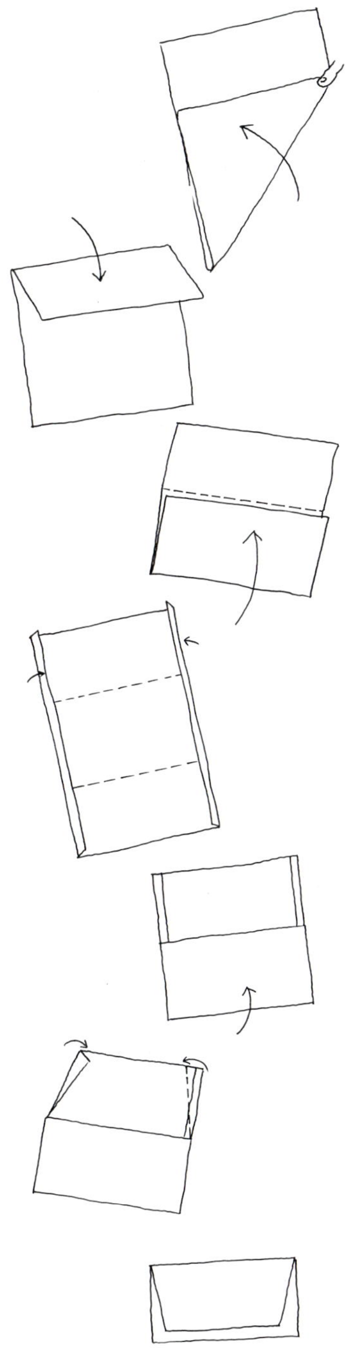

1. Lege das Blatt hochkant vor dich hin. Biege die untere rechte Ecke diagonal nach oben. Drücke mit dem Finger auf der rechten Seite, wo die Diagonale beginnt, fest auf, so dass dort eine Markierung entsteht.

2. Schlage das Blatt wieder auf und falte es von der Markierung ausgehend von oben rechtwinklig zusammen.

3. Falte das Blatt von unten auf die Falzlinie zu. Halte aber einen kleinen Abstand.

4. Schlage den ganzen Bogen wieder auf. Knicke beide Längsseiten so ein, dass jeweils ein ungefähr 1 cm breiter Rand entsteht.

5. Klappe erneut den unteren Teil nach oben. Jetzt hast du einen offenen Briefumschlag. Die eingeklappten seitlichen Kanten kannst du mit Klebstoff bestreichen, damit der Umschlag geschlossen bleibt.

6. Knicke die große Lasche oben schräg auf beiden Seiten nach innen ein. Wenn du den Umschlag dann schließt, hast du einen echten Briefumschlag. Den kannst du bemalen und beschriften.

Wo steckt Petterssons Hut? - Where is Pettersson's hat?

Pettersson sucht einige Dinge.
Kannst du ihm helfen?

Pettersson is looking for some things.
Can you help him?

globe

letter

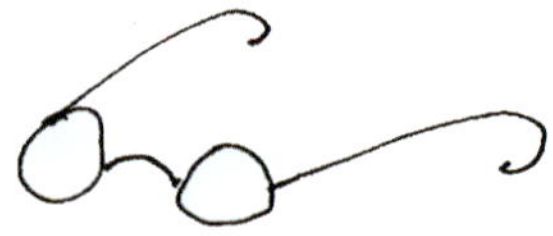

glasses

kite

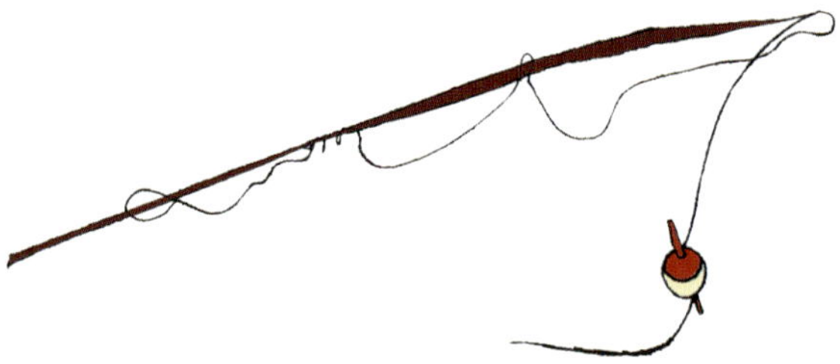

fishing rod

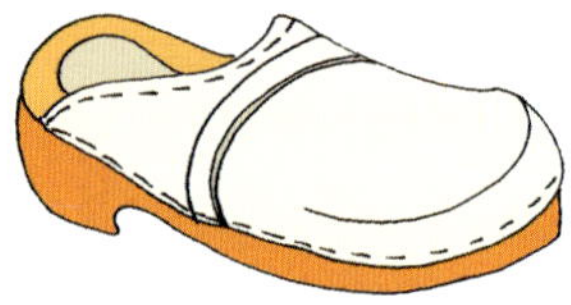

shoe

Findus weiß, was Pettersson am meisten vermisst.
Findus knows what Pettersson is missing the most.

Weißt du, welchen Gegenstand Findus meint?
Do you know which object Findus means?

Wortverzeichnis - Vocabulary list

Deutsch	English
A	
Abendbrot, das	dinner [´dɪnə(r)]
acht	eight [eɪt]
angeln	(to) fish [tu: fɪʃ]
Angelrute, die	fishing rod [´fɪʃɪŋ rɒd]
ängstlich	frightened [´fraɪtnd]
Apfelbaum, der	apple tree [´æpl tri:]
Arm, der	arm [a:m]
aufstehen	(to) get up [tu get ʌp]
Auge, das	eye [aɪ]
Auto, das	car [ka:(r)]
Axt, die	axe [æks]
B	
Ball, der	ball [bɔ:l]
Ball spielen	(to) play ball [tu: ´pleɪ bɔ:l]
Bauernhof, der	farm [fa:m]
Baum, der	tree [tri:]
Bein, das	leg [leg]
Besen, der	broom [bru:m]
Biene, die	bee [bi:]
Bild, das	picture ['pɪktʃə(r)]
Blätter, die	leaves [li:vz]
Bleistift, der	pencil ['pensl]
Blume, die	flower [´flaʊə(r)]
Blumenbeet, das	flowerbed [´flaʊə(r) bed]
Boot, das	boat [bəʊt]
Brief, der	letter [´letə(r)]
Briefkasten, der	letter box [´letə(r) bɑks]
Briefmarke, die	stamp [stæmp]
Briefträger, der	postman [pəʊstmən]
Briefumschlag, der	envelope [´envələʊp]
Brille, die	glasses [gla:səz]
Brot, das	bread [bred]
Buch, das	book [bʊk]
Buntstift, der	coloured pencil [´kələrd 'pensl]
Busch, der	bush [bʊʃ]
D	
Dach, das	roof [ru:f]
Ding, das	thing [θiŋ]
Dose, die	tin [tɪn]
Drachen, der	kite [kaɪt]
drei	three [θri:]
E	
Ei, das	egg [eg]
Eimer, der	bucket [´bʌkɪt]
ein, eine, einer	a [ə]
eins	one [wʌn]
Eis, das	ice cream [aɪs kri:m]
Elch, der	elk [elk]
Erdbeere, die	strawberry [´strɔ:brɪ]
Erde, die	earth [ɜ:θ]
essen	(to) eat [tu: i:t]
F	
Fahrrad, das	bicycle [´baɪsɪkl]
Fahrrad fahren	(to) bicycle [tu:´baɪsɪkl]
Fahrradtasche, die	bicycle bag [´baɪsɪkl ´bæg]
Fass, das	barrel [´bærəl]
fehlen	(to) miss [tu: mɪs]
Fell, das	fur [fɜ:(r)]
Fenster, das	window [´wɪndəʊ]
finden	(to) find [tu: faɪnd]
Finger, der	finger [´fɪŋgə(r)]
Fisch, der	fish [fiʃ]
Flasche, die	bottle [´bɒtl]
Frühling, der	spring(time) [spr:ŋ taɪm]
Frosch, der	frog [frɒg]
frühstücken	(to) have breakfast [tu: hæv ´brekfəst]
fühlen	(to) feel [tu: fi:l]
fünf	five [faɪv]
Fuß, der	foot [fʊt]
G	
Garten, der	garden [´ga:dn]
Geburtstagskuchen, der	birthday cake [bɜ:θdeɪ keɪk]
Gießkanne, die	watering can [´wɔ:tərɪŋ kæn]
Globus, der	globe [gləʊb]
glücklich	happy [´hæpɪ]
Gras, das	grass [gra:s]
Guten Tag!	How do you do! [haʊ du: ju: du:]
H	
Hahn, der	cock [kɒk]
Hallo!	Hello! [´heləʊ]
Hals, der	neck [nek]
Hand, die	hand [hænd]
Handtuch, das	towel [´tauəl]
Haus, das	house [haʊs]
Hemd, das	shirt [ʃɜ:t]
Henne, die	hen [hen]
Herbst, der	autumn [´ɔ:təm]
Herd, der	oven [´ʌvn]
Hobby, das	hobby [´hɒbi]
Hobel, der	plane [pleɪn]
Hocker, der	stool [stu:l]
Holz, das	wood [wʊd]
Holzstapel, der	wood pile [wʊd paɪl]
Holz hacken	(to) chop wood [tu: tSɔp wʊd]
Honig, der	honey [´hʌnɪ]
hören	(to) listen [tu: ´lɪsn]
Hose, die	trousers [´traʊzəz]
Hund, der	dog [dɒg]
Hupe, die	horn [hɔ:n]
Hut, der	hat [hæt]
I	
Ich heiße ...	My name is ... [maɪ neɪm ɪz]
ist	is [ɪz]
J	
Jahr, das	year [j:ə(r)]
jonglieren	(to) juggle [tu: ´dʒʌgl]
K	
Kaffeekanne, die	coffee pot [´kɒfi pɔt]
Karte, die	card [ka:d]
Katze, die	cat [kæt]
Kerze, die	candle [´kændl]
kichern	(to) giggle [tu: ´gɪgl]
Kiste, die	box [bɒks]
kochen	(to) cook [tu: kʊk]
Kochtopf, der	cooking pot [kʊkɪŋ pɔt]
Koffer, der	suitcase [su:tkeɪs]
Kopf, der	head [hed]
Kopfstand, der	headstand [hedstænd]
Kralle, die	claw [klɔ:]
Kresse, die	cress [kres]
Küche, die	kitchen [´kɪtʃɪn]
Kuh, die	cow [kaʊ]
Küken, das	chicken [´tʃɪkɪn]
Kürbis, der	pumpkin [´pʌmpkɪn]

Wortverzeichnis - Vocabulary list

L	
lachen	(to) laugh [tu: la:f]
Lampe, die	lamp [læmp]
Laune, die	mood [mu:d]
Leiter, die	ladder [ˊlædə(r)]
Lenker, der	handlebars [ˊhændlba:s]
lesen	(to) read [tu: ri:d]
Licht, das	light [laɪt]
Löffel, der	spoon [spu:n]
M	
machen	(to) do [tu: du:]
malen	(to) paint [tu: peɪnt]
Marienkäfer, der	ladybird [ˊleɪdɪb:ɜd]
Maus, die	mouse [maʊs]
Messer, das	knife [naɪf]
Mir geht es gut.	I'm fine. [aɪm faɪn]
Mittagessen, das	lunch [lʌntʃ]
Mund, der	mouth [maʊθ]
Musik, die	music [ˊmju:zɪk]
Musik hören	(to) listen to music [tu: ˊlɪsn tu:ˊmju:zɪk]
Nachbar, der	neighbour [ˊneɪbə(r)]
nachdenklich	thoughtful [θɔ:tfl]
N	
Nagel, der	nail [neɪl]
Name, der	name [neɪm]
Nase, die	nose [nəʊz]
neugierig	curious [kjʊərɪəs]
neun	nine [naɪn]
O	
Ohr, das	ear [ɪə(r)]
Osterei, das	Easter egg [ˊi:stər eg]
P	
Paar, das	pair [pɛə(r)]
Paket, das	parcel [ˊpa:sl]
Papier, das	paper [ˊpeɪpə(r)]
Pilz, der	mushroom [ˊmʌʃrʊm]
Pinsel, der	brush [brʌʃ]
Pfanne, die	frying pan [fraɪŋ pæn]
Pfote, die	paw [pɔ:]
R	
Radiergummi, das	rubber [rʌbə(r)]
Regen, der	rain [reɪn]
Regenwurm, der	earthworm [ɜ:əθwɜ:m]
Reifen, die	tyre [ˊtaiə(r)]
reparieren	(to) repair [tu: ri ˊpɛə(r)]
rennen	(to) run [tu: rʌn]
Rucksack, der	rucksack [ˊrʌksæk]
S	
Säge, die	saw [sɔ:]
Sattel, der	saddle [ˊsædl]
Schal, der	scarf [ska:f]
Schaufel, die	shovel [ˊʃʌvl]
Schubkarre, die	wheelbarrow [ˊwi:l ˊbærəu]
schlafen	(to) sleep [tu: sli:p]
schlecht	bad [bæd]
Schlitten, der	toboggan [tə ˊbɒgən]
Schlitten fahren	(to) toboggan [tu: tə ˊbɒgən]
Schmetterling, der	butterfly [ˊbʌtəflaɪ]
Schnee, der	snow [snəʊ]
Schneeglöckchen, das	snowdrop [snəʊdrɒp]
Schneemann, der	snowman [snəʊmæn]
Schnur, die	cord [kɔ:d]
Schnurrhaare, die	whiskers [ˊwɪskəz]
Schornstein, der	chimney [ˊtʃɪmnɪ]
schreiben	(to) write [tu: raɪt]
Schuh, der	shoe [ʃu:]
Schuppen, der	shed [ʃed]
Schürze, die	apron [ˊeɪprən]
Schwanz, der	tail [teɪl]
Schwein, das	pig [pɪg]
schwimmen	(to) swim [tu: swɪm]
sechs	six [sɪks]
sein	(to) be [tu: bi:]
sieben	seven [ˊsevn]
singen	(to) sing [tu: sɪŋ]
Socke, die	sock [sɒk]
Sommer, der	summer [ˊsʌmə(r)]
Sonne, die	sun [sʌn]
Sonnenblume, die	sunflower [sʌn ˊflaʊə(r)]
Späße, die	jokes [dʒəʊkz]
Spaten, der	spade [speɪd]
spielen	(to) play [tu: ˊpleɪ]
Spielkarten, die	playing cards [ˊpleɪɪŋˊka:dz]
springen	(to) jump [tu: dʒʌmp]
Stein, der	stone [stəʊn]
Stuhl, der	chair [tʃeə(r)]
T	
Tag, der	day [deɪ]
Tasse, die	cup [kʌp]
Teller, der	plate [pleɪt]
Teppich, der	carpet [ˊka:pɪt]
Tisch, der	table [ˊteɪbl]
Tür, die	door [dɔ:(r)]
U	
Uhr, die	clock [klɒk]
und	and [ænd]
Untertasse, die	saucer [sɔ:sə(r)]
V	
verbinden	(to) connect [tu: kə ˊnekt]
Verstecken spielen	(to) play hide-and-seek [tu: ˊpleɪ haɪd ænd si:k]
vier	four [fɔ:(r)]
Vogel, der	bird [bɜ:d]
Vogelhaus, das	aviary [ˊeɪvɪərɪ]
Vorhänge, die	curtains [ˊkɜ:tnz]
W	
Wald, der	forest [ˊforəst]
wandern	(to) hike [tu: haɪk]
Wäscheleine, die	clothes line [kləʊðz laɪn]
Wasser, das	water [ˊwɔ:tə(r)]
Weste, die	waistcoat [weɪstkəʊt]
Wie geht es dir?	How are you? [haʊ a: ju:]
Wind, der	wind [wɪnd]
Winter, der	winter [ˊwɪntə(r)]
Wolle, die	wool [wʊl]
Wörter, die	words [wɜ:dz]
Wurm, der	worm [wɜ:m]
wütend	angry [ˊæŋgrɪ]
Z	
Zahl, die	number [ˊnʌmbə(r)]
zählen	(to) count [tu: kaʊnt]
Zahnbürste, die	toothbrush [ˊtu:θbrʌʃ]
Zähne, die	teeth [ti:θ]
Zaun, der	fence [fens]
zehn	ten [ten]
zeichnen	(to) draw [tu: drɔ:]
zelten	(to) camp [tu: kæmp]
zu Hause	at home [æt həum]
Zucker, der	sugar [ˊʃugə(r)]
zwei	two [tu:]

Findus spielt Memory - Findus is playing Memory

Schneide die Spielkarten aus und lege sie mit den Bildern nach unten auf den Tisch. Immer zwei Karten gehören zusammen. Findest du sie?

Fahrrad

bicycle

Kürbis

pumpkin

Paket

parcel

Frosch

frog

Henne

hen

Blume

flower

Fisch

fish

Geburtstags-
kuchen

birthday
cake

Vogelhaus

aviary

Buch

book

Findus spielt Memory - Findus is playing Memory